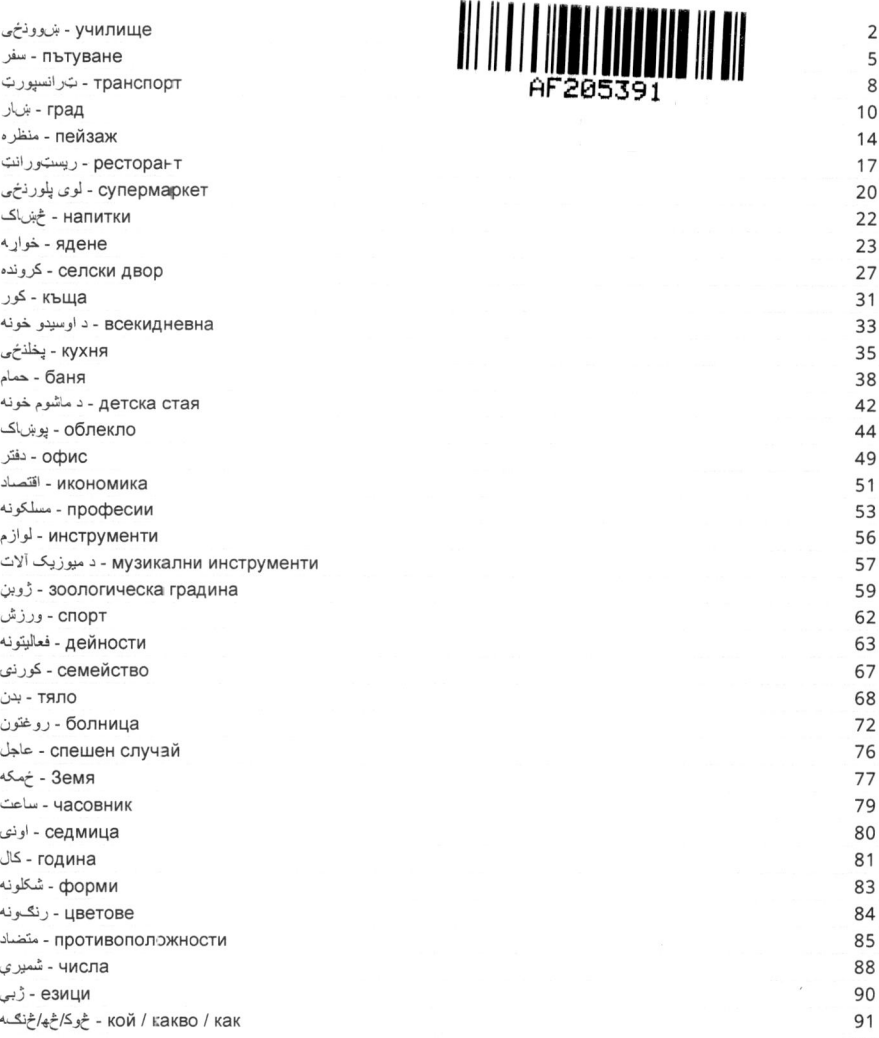

Impressum
Verlag: BABADADA GmbH, Nedderfeld 112 , 22529 Hamburg
Geschäftsführer / Verlagsleitung: Harald Hof
Druck: Books on Demand GmbH, In de Tarpen 42, 22848 Norderstedt

Imprint
Publisher: BABADADA GmbH, Nedderfeld 112 , 22529 Hamburg, Germany
Managing Director / Publishing direction: Harald Hof
Print: Books on Demand GmbH, In de Tarpen 42, 22848 Norderstedt, Germany

ښوونځی
училище

تقسیم
деление
186/2
بورډ
черна дъска
класна стая
училищен двор
ښوونکی
учител
ورق
хартия
لیکل
пиша
قلم
химикал
ډیسک
бюро
خط کش
линеал
کتاب
книга
زده کونکی
ученик

کڅوړه

ученическа раница

د پنسل بکسه

ученически несесер

پنسل

молив

پنسل تراش

острилка за моливи

ربړ

гума

د رسامۍ پاڼه

блок за рисуване

2 ښوونځی - училище

رسامي

рисунка

د نقاشۍ برس

четка

د نقاشۍ بکس

акварелни бои

قیچي

ножица

سریښ

лепило

د تمرین کتاب

тетрадка за упражнения

کورنۍ دنده

домашна работа

شمیر

число

جمع

събиране

منفي

изваждане

ضرب

умножение

حساب

смятане

توری

буква

الفبا

азбука

کلمه

дума

متن

текст

لوستل

чета

تباشير

тебешир

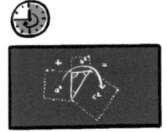

درس

час

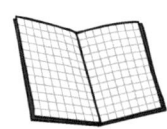

راجستر

дневник на класа

ازموينه

изпит

تصديق پاڼه

свидетелство

د ښووڼځي يونيفارم

ученическа униформа

تعليم

образование

دايره المعارف

справочник

پوهنتون

университет

مايکروسکوپ

микроскоп

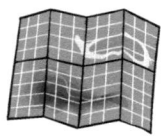

نقشه

карта

اشغالدانی

кошче за хартиени отпадъци

هوتل
хотел

لیلیه
хостел

د اسعارو د تبادلی دفتر
обменно бюро

بکس
куфар

موتر
кола

ژبه
....
език

هو / نه
....
да / не

سمه ده
....
Окей

سلام
....
здравей

ژبارونکی
....
преводач

مننه
....
Благодаря

څومره دي...؟
....
Колко струва...?

زه نه پوهیږم
....
Не разбирам

ستونزه
....
проблем

ماښام مو پخیر!
....
Добър вечер!

سهار په خیر!
....
Добро утро!

شپه په خیر!
....
Лека нощ!

په مخه مو ښه
....
довиждане

لارښود
....
посока

سامان
....
багаж

بیګ
....
пътна чанта

شاتنی بکس
....
раница

میلمه
....
посетител

خونه
....
стая

د خوب کڅوړه
....
спален чувал

خیمه
....
палатка

د توریزم معلومات

туристическа информация

ساحل

плаж

کریډیټ کارت

кредитна карта

ناری

закуска

د غرمې خواړه

обед

د شپې خواړه

вечеря

ټیکټ

билет

لفټ

асансьор

مهر

пощенска марка

پوله

граница

ګمرک

митница

سفارت

посолство

ویزه

виза

پاسپورټ

паспорт

ټرانسپورټ

транспорт

الوتکه
самолет
кораб
د اور ماشین
пожарна кола
بس
автобус
товарен автомобил
موټرکښتی
моторна лодка
кола
بایک
велосипед

کښتی

ферибот

کښتی

лодка

موټرسایکل

мотоциклет

د پولیسو موټر

полицейска кола

د ریس موټر

състезателна кола

کرایی موټر

кола под наем

د کرایه موټري
....
каршеринг

جرثقیل لرونکی ټرک
....
автомобил от "Пътна помощ"

ریفیوز ټرک
....
сметовоз

موټر
....
двигател

سونګ توکي
....
бензин

پټرول سټیشن
....
бензиностанция

ترافیکي نښه
....
пътен знак

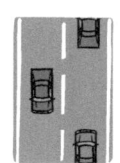

ترافیک
....
улично движение

جام ترافیک
....
задръстване

د موټرو تمځای
....
паркинг

د ریل سټیشن
....
гара

پاټکي
....
релси

ریل
....
влак

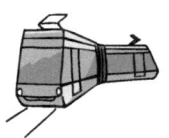

ټرام
....
трамвай

واګون
....
вагон

چورلکه

....

хеликоптер

هوايي ډګر

....

аерогара

برج

....

кула

مسافر

....

пасажер

کانټينر

....

контейнер

کارتون

....

кашон

کارټ

....

ръчна количка

ټوکرۍ

....

кошница

الوتنه کول/کښېناستل

....

излитам / приземявам се

ښار

град

کلی

....

село

د ښار مرکز

....

градски център

کور

....

къща

سینما
кино
اعلان
реклама
د کوڅې لامپ
уличен фенер
کوڅه
улица
ټیکسي
такси
د خوارو پلورنځی
павилион
پیاده
пешеходец
тротоар
د سړک څخه تیریدو لاره
пешеходна пътека
اشغالدانی (لوی)
голяма кофа за смет
د تیریدو لاره
кръстовище
د ترافیک څراغونه
светофар

کوډله
....
хижа

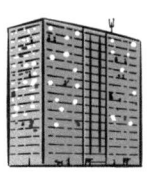

اپارتمان
....
жилище

د ریل سټیشن
....
гара

ټاون هال
....
кметство

میوزیم
....
музей

ښوونځی
....
училище

پوهنتون

университет

بانک

банка

روغتون

болница

هوټل

хотел

درملتون

аптека

دفتر

офис

کتاب پلورنځی

книжарница

پلورنځی

магазин за цветя

د ګلانو پلورنځی

магазин за цветя

لوی پلورنځی

супермаркет

مارکيټ

пазар

د ډیپارټمنټ سټور

универсален магазин

کب پلورنځی

търговец на риба

د پلور مرکز

търговски център

لنګرتون

пристанище

پارک

....

парк

بینچ

....

пейка

پل

....

мост

زینه

....

стълба

د ځمکې لاندې

....

метро

تونل

....

тунел

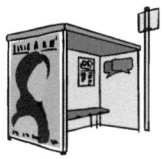

بس تمځای

....

автобусна спирка

بار

....

бар

ریسټورانټ

....

ресторант

پوست بکس

....

пощенска кутия

د کوڅې نښه

....

улична табелка

د پارک کولو میټر

....

часовник за паркинг престой

ژوبڼ

....

зоологическа градина

د لامبو حوض

....

плувен басейн

مسجد

....

джамия

کرونده

селски двор

ناپاکي

замърсяване на околната среда

هدیره

гробище

چرچ

църква

د لوبو ډګر

детска площадка

معبد/کلیسا

храм

منظره

пейзаж

پانه
листо

د لارښووني نښه
пътепоказател

لاره
път

چمن
ливада

کانی
камък

ونه
дърво

هیکر
пътешественик

سیند
река

واښه
трева

ګل
цвете

دره

долина

غوندی

планина

ناور

море

ځنګل

гора

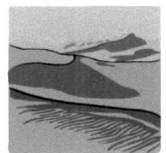

دشته

пустиня

اورشیندی

вулкан

کلا

замък

رنګین کمان

дъга

مرخیري

гъба

پلم ونه

палма

ماشي

комар

الوتل

муха

میږی

мравка

مچۍ

пчела

غوندل/جولا

паяк

کونګټ

бръмбар

چونګښه

жаба

نولی

катеричка

زیږکی

таралеж

سوی

заек

ګونګ

кукумявка

مرغی

птица

قازه

лебед

نرخوګ

диво прасе

هوسی

елен

ګاوزه

лос

بند

бент

بادي توربین

вятърна турбина

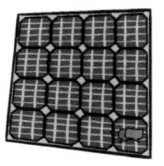

سولر تختي

соларен модул

اقلیم

климат

ریسټورانټ

ресторант

پیشخدمت
келнер
مینو
меню
стол
سوپ
супа
پیزا
пица
покривка за маса
ښاخۍ، چاقو، کاشوغه
прибори за хранене

سټارټر

....

предястие

اصلي خواړه

....

основно ястие

شيريني

....

десерт

څښاک

....

напитки

خواړه

....

ядене

بوتل

....

бутилка

فاسټ فوډ
....
бързо хранене

د کوڅې خواړه
....
улична храна

چای جوش
....
кана за чай

قندانی
....
кутия за захар

برخه
....
порция

اسپرسو مشین
....
еспресо машина

لوړه چوکۍ
....
висок детски стол

رسید
....
сметка

مجمه
....
табла

چاکو
....
ножица за нокти

پنجه
....
вилица

قاشق
....
лъжица

چای قاشق
....
чаена лъжичка

سورویت
....
салфетка

ګلاس
....
стъклена чаша

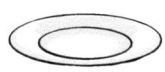

پلیټ

чиния

د سوپ پلیټ

чиния за супа

نالبکۍ

чинийка

ساس

сос

مالګه شیندونکی

солница

د مرچ ټکولو لوخی

мелничка за черен пипер

سرکه

оцет

غوړي

олио

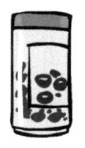

مساله

подправки

کچ اپ

кетчуп

شرشم

горчица

چکه

майонеза

لوی پلورنځی
супермаркет

оферта
FOR
پیرودونکی
клиент
لبنیات
млечни продукти
میوه
плодове
لاسي ګرځ
количка за покупки

قصابي

кланица

نانوایی

хлебарница

وزن کول

тегля

سبزیجات

зеленчуци

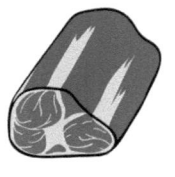

غوښه

месо

کنګل خواره

дълбоко замразена храна

يخه غوښه

....

нарязан колбас или сирене

كنسروا خواړه

....

консерви

د مينځلو پوډر

....

перилен препарат

شيريني

....

лакомства

كورني توليدات

....

домакински изделия

د پاكولو محصولات

....

почистващи препарати

د پلور فرد

....

продавачка

د نغدي راجستر

....

каса

صراف

....

касиер

د پيرود ليست

....

списък на покупките

كاري ساعتونه

....

работно време

بټوه

....

портфейл

كريډيټ كارت

....

кредитна карта

كڅوړه

....

чанта

پلاستيک كڅوړه

....

пластмасова торба

څښاک

напитки

اوبه

....

вода

جوس

....

сок

شيده

....

мляко

کوک

....

кола

واين

....

вино

بير

....

бира

الکول

....

алкохол

ککاو

....

какао

چای

....

чай

کافي

....

кафе машина

اسپرسو

....

еспресо

کپچينو

....

капучино

کيله

банан

مڼه

ябълка

نارنج

портокал

هندواڼه

пъпеш

ليمو

лимон

ګازره

морков

هوږه

чесън

بانس

бамбук

پياز

лук

مرخيړي

гъба

چغزی

ядки

آش

макарони

سپیګټي

спагети

وريجي

ориз

سلاد

салата

چپس

пържени картофи

سره کړي کچالو

печени картофи

پيزا

пица

همبرګر

хамбургер

ساندويچ

сандвич

کتره

шницел

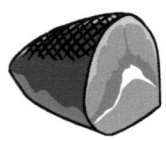

د پتون غوښه

шунка

سلمي

траен колбас

ساسچ

салам

چرګ

пиле

روسټ

печено

کب

риба

د وربشي شيرني

овесени ядки

موسلي

мюсли

د جوار پلی

корнфлейкс

اوړه

брашно

کروسانت

кроасан

د ډوډی رول

хлебчета

ډوډی

хляб

ټوسټ

препечена филийка

بسکیټ

бисквити

کوچ

масло

چکه

извара

کیک

сладкиш

هګی

яйце

پښې هګی

яйца на очи

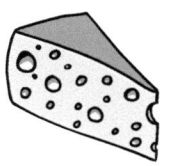

پنیر

сирене

آیس کریم

сладолед

بوره

захар

شهد

мед

مربا

мармалад

نوگات کریم

нуга крем

کورکمان

къри

کرونده

селски двор

د کروندي خونه
селска къща
бала сено
غوجل
плевня
поле
اس
кон
ремарке
کوچنی اس
конче
трактор
خر
магаре
پسه
овца
وری
агне

وزه
коза

غوا
крава

خوسکی
теле

خوګ
свиня

د خوګ بچی
прасенце

غويی
бик

بته

гъска

هیلی

патица

چرگوری

пиленце

چرگه

кокошка

بانگي

петел

سارای موږک

плъх

پیشک

котка

موږک

мишка

غویی

вол

سپی

куче

د سپي خونه

кучешка колиба

د باغ هوز

градински маркуч

د اوبو لوخی

лейка

لور (داس)

коса

یوی

плуг

28 گرونده - селски двор

لور

сърп

رمبی

мотика

ښاخې

вила за тор

تبر

брадва

کراچۍ

ръчна количка

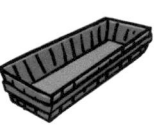

ناوه

корито

د شیدو لوخی

съд за мляко

جوال

чувал

کټاره

ограда

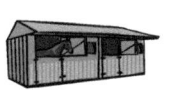

مضبوط

обор

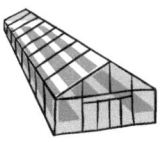

شنه خونه

парник

خاوره

земя

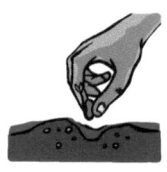

تخم

сеитба

سره/کود

тор

ګډ ریبونکی ماشین

комбайн

زیرمه کول

жъна

درمند

реколта

خوارږه کچالو

ямс

غنم

жито

سویا

соя

کچالو

картоф

جوار

царевица

نباتي تخم

рапица

د میوې ونه

овощно дърво

مانیوک

маниока

غله

зърнени храни

درخه
комин

بام
покрив

ناودان
улук

کرکی
прозорец

کراج
гараж

د دروازی زنگ
звънец

دروازه
врата

اشغالدانی
кофа за боклук

د لیک بکس
пощенска кутия

باغ
градина

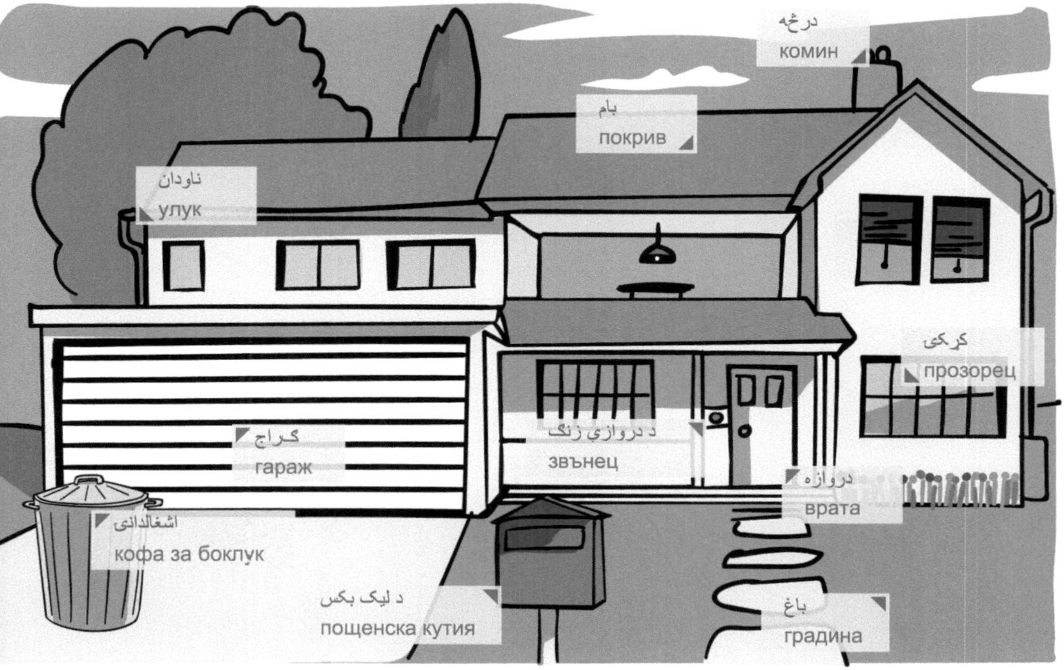

د اوسیدو خونه
всекидневна

حمام
баня

پخلنځی
кухня

د ویده کیدو خونه
спалня

د ماشوم خونه
детска стая

د خوارو خونه
трапезария

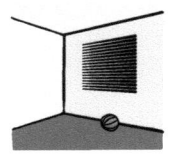

فرش

под

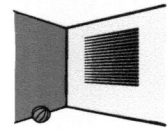

ديوال

стена

چت

таван

زيرخانه

изба

سونا

сауна

بالکوني

балкон

ټراس

тераса

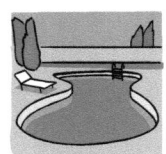

حوض

плувен басейн

د چمن وهلو ماشين

косачка

شيټ

спално бельо

روجايی

покривка за легло

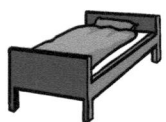

تخت

легло

جارو

метла

بوکه

кофа

سويچ

електрически ключ

د اوسیدو خونه

всекидневна

والپیپر
тапет
عکس
картина
لامپ
лампа
شیلف
рафт
الماری
шкаф
تلویزیون
телевизор
نغری
камина
цвете
بالښت
възглавница
صوفه
канапе
ګلدانی
ваза
дистанционно управление

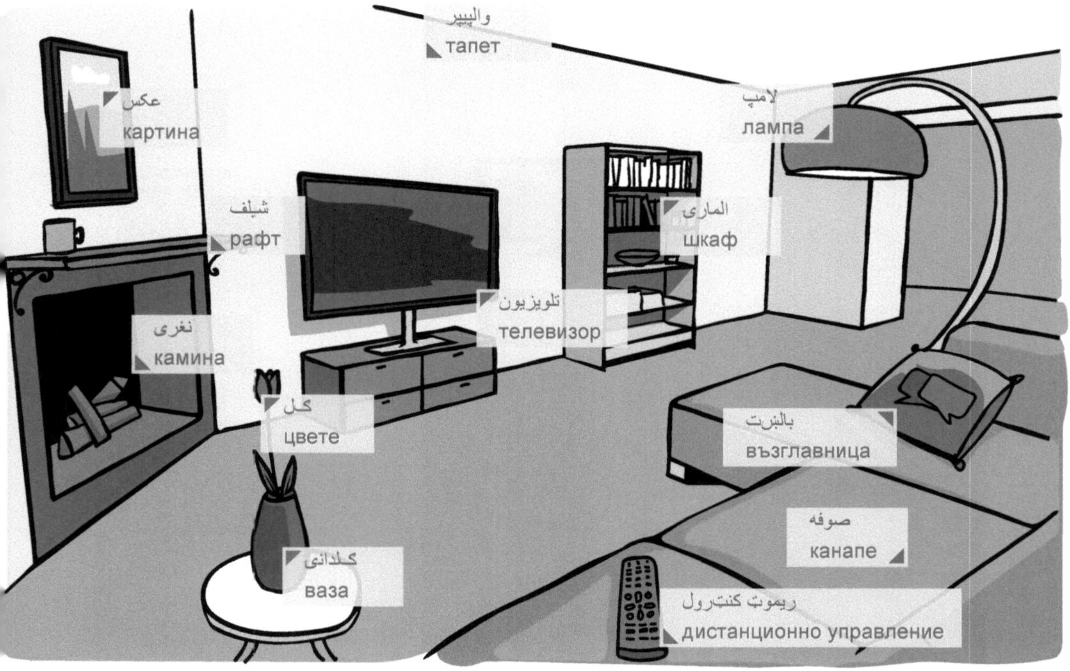

غالی

килим

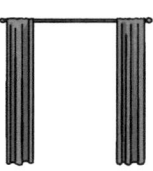

پرده

завеса

میز

маса

چوکی

стол

تاویدونکي چوکی

люлеещ се стол

بازو لرونکی چوکی

кресло

کتاب

книга

کمپل

одеяло

ډیکوریشن

декорация

د اور لرګي

дърва за отопление

فلم

филм

هاي-فای

стерео уредба

کلي

ключ

ورځپاڼه

вестник

نقاشي

живопис

پوستر

постер

راډیو

радио

کتابچه

бележник

واکیوم جارو

прахосмукачка

کاکتوس

кактус

شمع

свещ

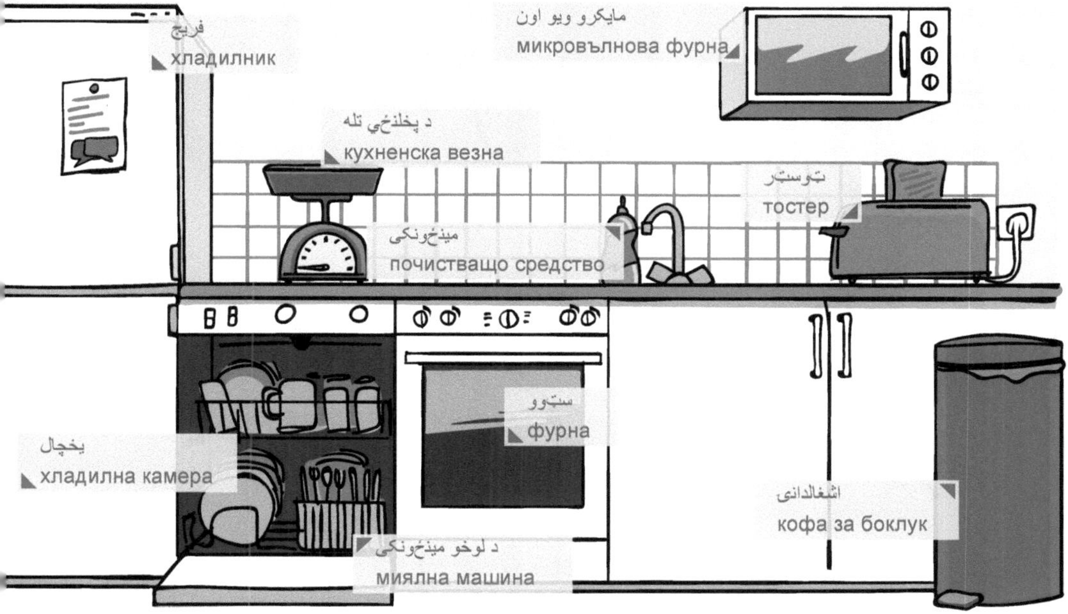

فریج
хладилник

مایکرو ویو اون
микровълнова фурна

د پخلنځي تله
кухненска везна

تـوسـتر
тостер

مینځخونکی
почистващо средство

ستوو
фурна

یخچال
хладилна камера

اشغالدانی
кофа за боклук

د لوخو مینځخونکی
миялна машина

دیگ بخار
готварска печка

لوخی
тенджера

چدني لوخی
желязна тенджера

ووک
уок / кадаи

د تلی په
тиган

چای جوش
кана за затопляне на вода

د بخار دیگ

....

уред за готвене на пара

پتنوس

....

тава за печене

لوخي

....

съдове

مګ

....

чаша

کاسه

....

купа

د رانيولو اوزار

....

клечки за хранене

څمڅی

....

черпак

کفګیر

....

лопатка за тиган

پاکونکی

....

тел за разбиване (на яйца, белтъци)

صافي

....

кошница за варене

غلبیل

....

гевгир

ګریټر

....

ренде

اونګ

....

хаван

بار بي کيو

....

барбекю

خلاص اور

....

огнище

تخته

дъска

هوارونکی

точилка

کارک سکریو

тирбушон

ټيم

кутия

د ټیم خلاصونکی

отварачка за консерви

د لوخي ټوټه

кухненска ръкохватка

ظرف شوی

мивка

برس

четка

سپنج

гъба

بلینډر

миксер

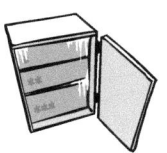

ژور یخچال

фризер

د ماشوم بوتل

бебешко шише

نل

воден кран

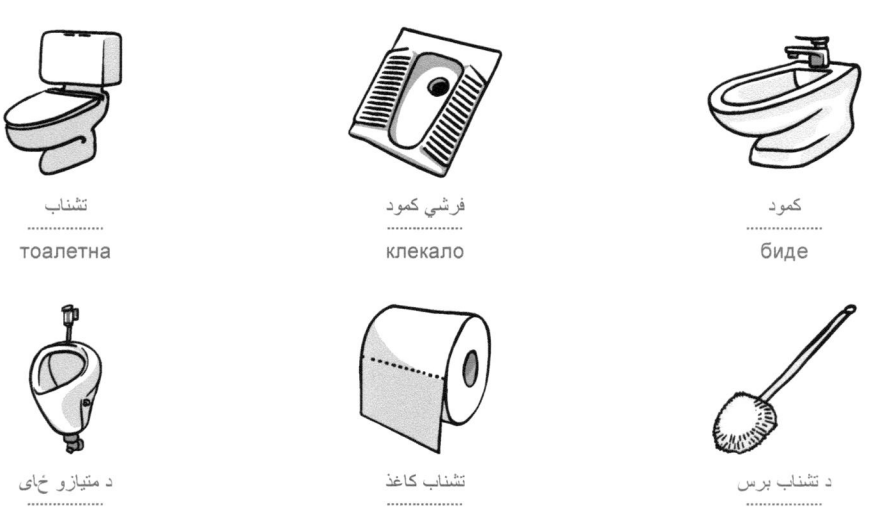

حمام
баня

تودول
отопление
جان پاک
хавлиена кърпа
شاور
душ
د شاور پرده
завеса за баня
шампоан за вана
د حمام ټب
вана
ګلاس
стъклена чаша
د مینځلو مشین
перална машина
نل
воден кран
ټایلونه
плочки
یو ډول کمود
гърне
ظرف شوی
мивка

تشناب

тоалетна

فرشي کمود

клекало

کمود

биде

د متیازو ځای

писоар

تشناب کاغذ

тоалетна хартия

د تشناب برس

четка за тоалетна

د غاښونو برس

четка за зъби

د غاښونو کریم

паста за зъби

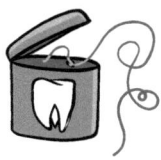

د غاښونو نخ

конец за зъби

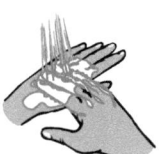

مینځل

мия

لاسي شاور

ръчен душ

دوش

интимен душ

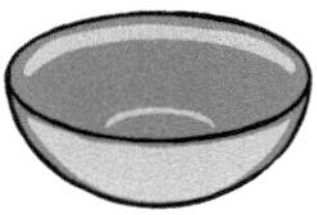

خانک

леген

د شا برس

четка за гръб

صابون

сапун

د شاور ژل

душ гел

شامپو

шампоан за вана

فلانل جامه

гъба за баня

وچول

сифон

کریم

крем

سپری

дезодорант

آینه

огледало

لاسي آینه

козметично огледало

ریزر

ръчна самобръсначка

د خریلو فوم

пяна за бръснене

د خریلو وروسته

одеколон за след бръснене

ګمنځ

гребен

برس

четка

د ویښتانو وچونکی

сешоар

د ویښتانو سپری

спрей за коса

میک اپ

грим

لیپ سټیک

червило

د نوکانو پالش

лак за нокти

کاټن وړی

памук

ناخن ګیر

ножица за нокти

عطر

парфюм

د مینځلو کڅوړه

....

тоалетна чантичка

سټول

....

табуретка

د وزن کولو تله

....

везна

د حمام پوښاک

....

хавлия

د ربړ دستکش

....

домакински ръкавици

ټامپون

....

тампон

صحيي جان پاک

....

дамски превръзки

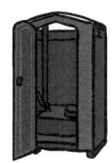

کیمیکل تشناب

....

химическа тоалетна

د ماشوم خونه

детска стая

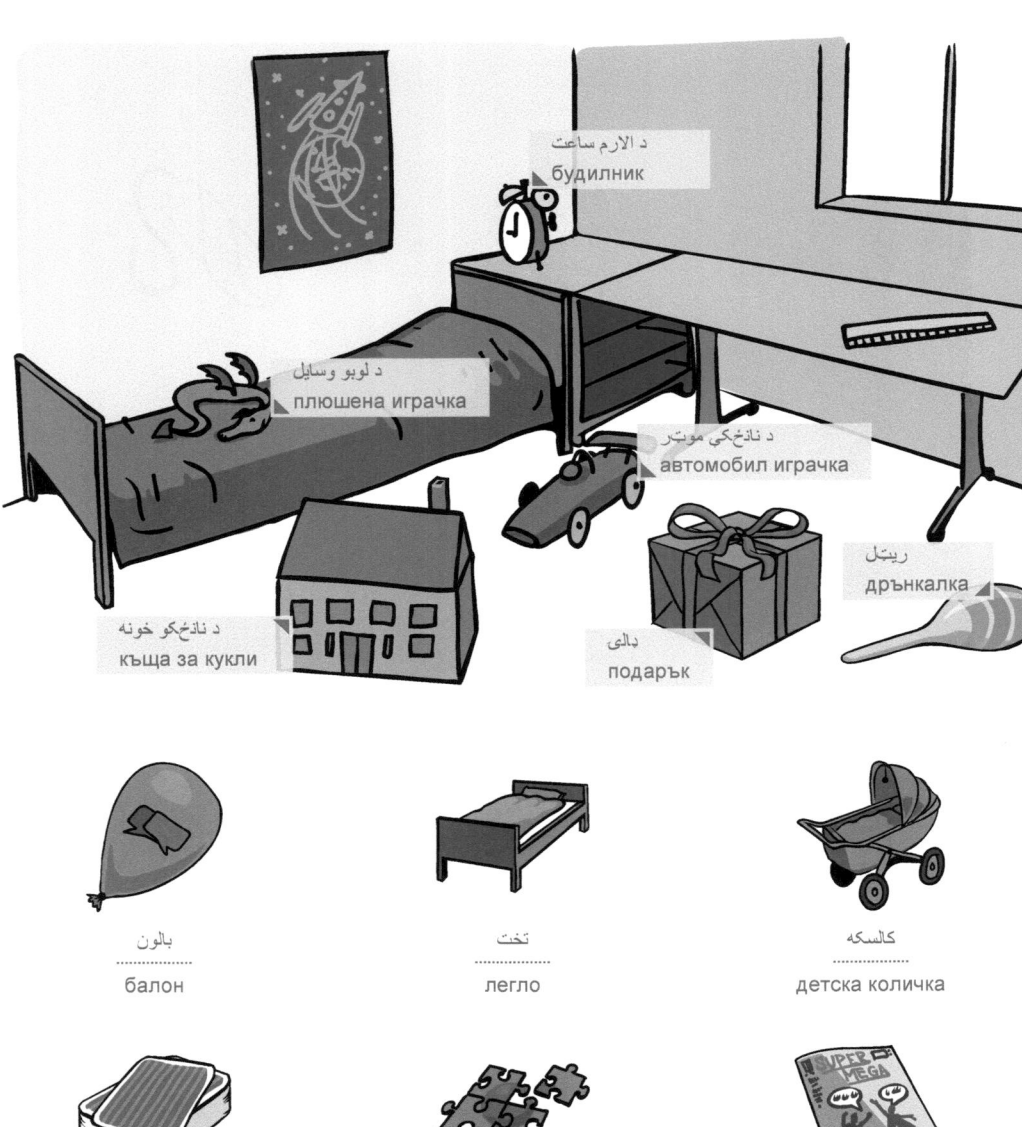

د الارم ساعت
будилник
د لوبو وسایل
плюшена играчка
د نانځکي موټر
автомобил играчка
ریټل
дрънкалка
د نانځکو خونه
къща за кукли
подарък

بالون

балон

تخت

легло

کالسکه

детска количка

د لوبو ورقي

игра на карти

جيګسا

пъзел

مسخره

комикс

لیګو بریک

лего елементи

د نانځکو بلاک

строителни елементи

د اکشن فیګور

екшън фигурка

د ماشوم پوښاک

бебешки гащеризон

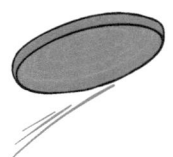

فریزبي

фрисби

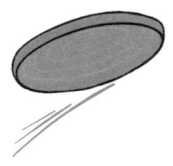

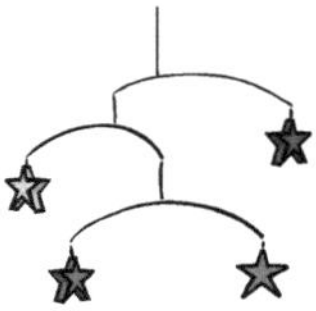

موبایل

бебешки играчки за легло

بورډ لوبه

настолна игра

تاس

зарче

ماډل ریل سیټ

миниатюрно влакче

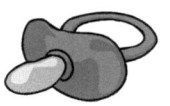

ګونګشی

биберон

پارټي

парти

د عکسونو البوم

детска книга с илюстрации

بال

топка

نانځکه

кукла

لوبیدل

играя

د شګو کنده

пясъчник

سوينګ

люлка

نانځکي

играчка

د ويډيو لوبو کنسول

игрова конзола

ټراى سايکل

велосипед с три колелета

ګوډيګه

плюшено мече

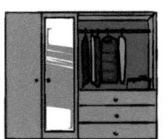

د کالو المارۍ

гардероб

پوښاک

облекло

جرابي

къси чорапи

لوړي جرابي

дълги чорапи

ټايټس

чорапогащник

زروکی
шал

чадър

Т-шърт

کمربند
колан

سنیکر
гуменки

ботуши

سلیپر
пантофи

سینډل
....
сандали

بوټان
....
обувки

د ربړ بوټان
....
гумени ботуши

زیرنیکري
....
слип

سینه بند
....
сутиен

واسکټ
....
долна блуза

بادي

боди

پتلون

панталон

جینز

дънки

لمن

пола

بلاوز

блуза

شرټ

риза

بنیان

пуловер

سویټر

суичър

بلیزر

блейзър

جاکټ

яке

کوټ

палто

د باران کوټ

дъждобран

پوښاک

костюм

کالي

рокля

د واده پوښاک

булчинска рокля

46

پوښاک - облекло

دريشي

костюм

د شپې پوښاک

нощница

پاجامه

пижама

ساړي

сари

لوپټه

кърпа за глава

پټکی

тюрбан

برقه

бурка

کفتن

кафтан

عبا

абая

د لامبو پوښاک

бански костюм

نیکر

плувни шорти

شارټ

къс панталон

د ځغاستې پوښاک

анцуг

پیش بند

престилка

دستکش

ръкавици

بیټن

копче

عینک

очила

لاس بند

гривна

غاړه کۍ

верижка

ګوتمه

пръстен

غوږوالۍ

обеца

خولۍ

каскет

کوټ بند

закачалка

خولۍ

шапка

نیکټایی

вратовръзка

ځنځیر

цип

هیلمیټ

каска

ترونکۍ

тиранти

د ښوونځي یونیفارم

ученическа униформа

یونیفارم

униформа

پوښاک - облекло

بیب

лигавник

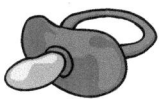

ګونګشی

биберон

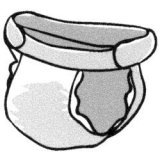

نیپي

пелена

دفتر

офис

سرور
сървър
د دوسیه الماری
шкаф за документи
پرینټر
принтер
ورق
хартия
مانیټور
монитор
бюро
ماوس
мишка
فولډر
папка
کي بورډ
клавиатура
اشغالدانی
кошче за хартиени отпадъци
کمپیوټر
компютър
стол

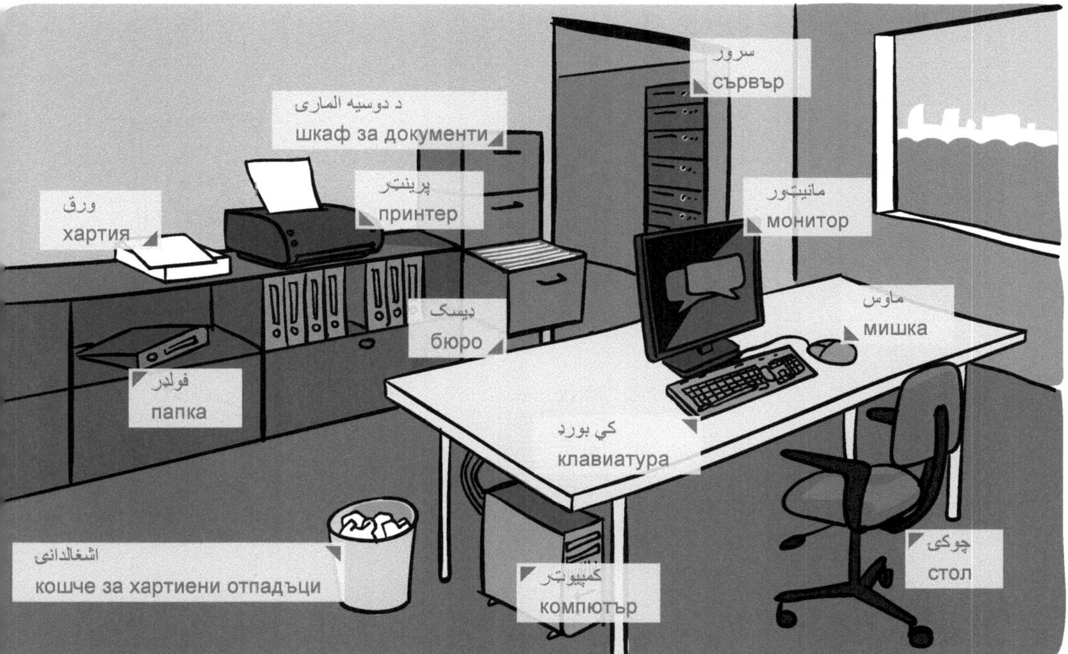

د کافي پیاله

чаша за кафе

کالکولیټر

джобен калкулатор

انټرنیټ

интернет

لپ ټاپ

лаптоп

لیک

писмо

پیغام

съобщение

موبایل

мобилен телефон

نیټورک

мрежа

فوټوکاپیر

ксерокс

سافټویر

софтуер

تلیفون

телефон

پلک ساکټ

контакт

فکس مشین

факс

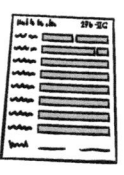

فارم

формуляр

سند

документ

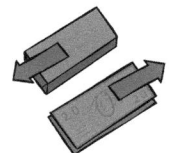

پیرل

купувам

تادیه کول

плащам

سوداګري کول

търгувам

پیسې

пари

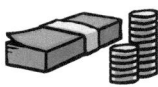

ډالر

долар

یورو

евро

ین

йена

ربل

рубла

سویسي فرانک

швейцарски франк

رینمینبي یوان

ренминби юан

روپۍ

рупия

د نغدي پیسو ځای

банкомат

د اسعارو د تبادلي دفتر

обменно бюро

سره زر

злато

سپين زر

сребро

تیل

нефт

انرژي

енергия

نرخ

цена

قرارداد

договор

مالیه

данък

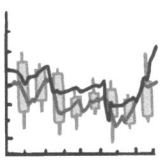

اسهام

акция

کار کول

работя

کارمند

служител

کار ګومارونکی

работодател

فابریکه

фабрика

پلورنځی

магазин за цветя

مسلکونه

професии

د پولیسو افسر
полицай
د اطفایه غړی
пожарникар
آشپز
готвач
лекар
пилот

باغوان

....

градинар

نجار

....

мебелист

خیاط

....

шивачка

قاضي

....

съдия

کیمیا پوه

....

химик

د فلم لوبغاړی

....

артист

د بس ډرايور

шофьор на автобус

د ټېکسي ډرايور

шофьор на такси

کب نيونکی

рибар

خدمه

чистачка

بام جوړونکی

майстор на покриви

پېشخدمت

келнер

ښکاري

ловец

نقاش

художник

نانوا

хлебар

د برښنا کارکونکی

електротехник

تعمير جوړونکی

строителен работник

انجنير

инженер

قصاب

касапин

نلدوان

тенекеджия

پوست رسونکی

пощальон

سرتیری

войник

مهندس

архитект

صراف

касиер

مالیار

цветар

نایی

фризьор

کلینر

кондуктор

میکانیک

механик

کپتان

капитан

د غاښونو ډاکټر

зъболекар

ساینس پوه

научен работник

ښاغلی

равин

امام

имàм

مذهبي نفر

монах

پادري

свещеник

لوازم
инструменти

чук
پلاس
клещи
پیچکش
отвертка
رینچ
гаечен ключ
څراغ
джобна лампа

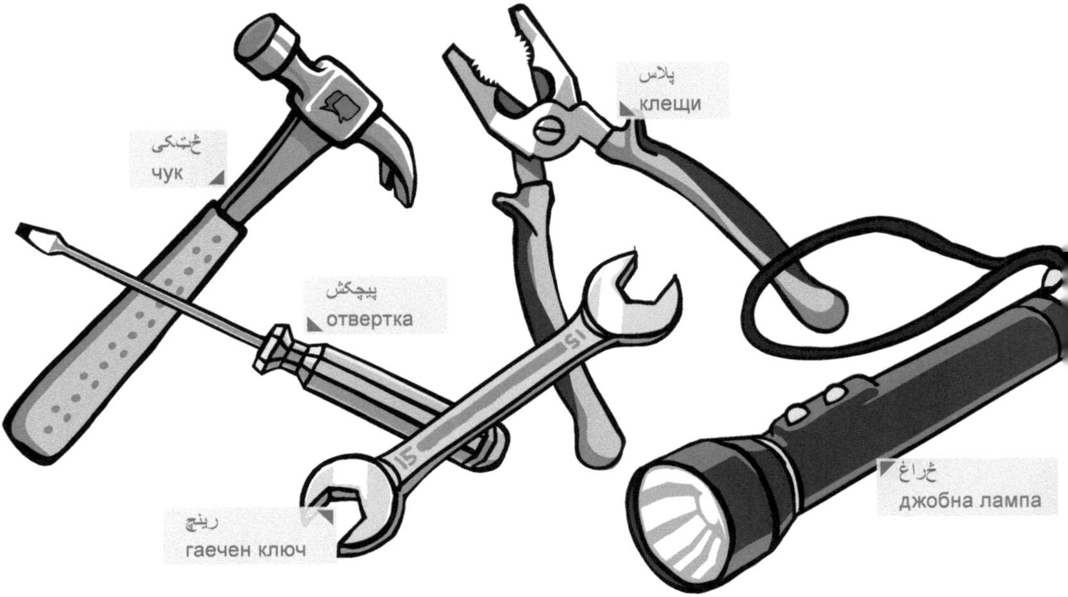

کنستونکی

багер

د لوازمو بکس

кутия за инструменти

زینه

стълба

اره

трион

میخونه

пирони

برمه

бормашина

ترمیم کول

ремонтирам

بیل

лопата

لعنت!

По дяволите!

خاک انداز

лопатка за смет

مشوانی

кутия за боя

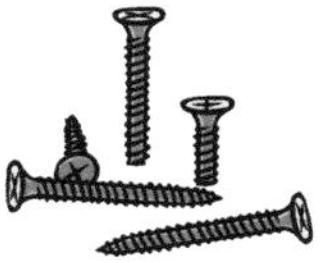

پیچونه

болтове

د میوزیک آلات
музикални инструменти

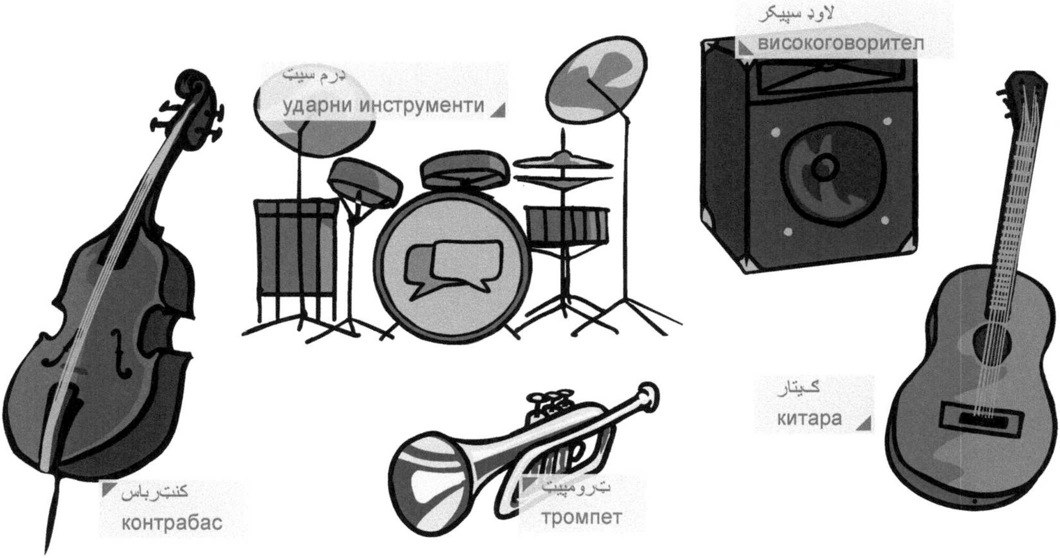

لاود سپیکر
високоговорител

درم سیت
ударни инструменти

کنترباس
контрабас

تـرومپیت
тромпет

کـیتار
китара

پيانو

пиано

وايلن

виолина

باس

контрабас

نغاره

тимпан

درمونه

барабан

کي بورډ

електрическо пиано

سيکسافون

саксофон

شپيلی

флейта

مايکروفون

микрофон

د ميوزيک آلات - **музикални инструменти**

ژوبڼ

зоологическа градина

ننوتو لاره
вход
тигър
پنجره
бръмбар
ګوره خر
зебра
د ژويو خواره
храна за животни
панда

ژوی

животни

هاتي

слон

کنګرو

кенгуру

د اوبو اسپ

носорог

ګوريلا

горила

ایږه

мечка

اوبښ

камила

شترمرغ

щраус

زمری

лъв

بیزو

маймуна

غزی

фламинго

طوطي

папагал

قطبي ایږه

бяла мечка

پینګوین

пингвин

شارک

акула

طاوس

паун

مار

змия

تمساح

крокодил

ژوبڼ ساتونکی

пазач в зоологическа градина

سیل

тюлен

جګوار

ягуар

یابو

пони

پړانګ

леопард

هیپو

хипопотам

زرافه

жираф

باز

орел

نرخوګ

диво прасе

کب

риба

شمشتی

костенурка

سمندري نولی

морж

ګیدړه

лисица

هوسۍ

газела

ورزش

спорт

امريکايي فټبال
американски футбол
سايکل ځغلول
колоездене
тенис
باسکيټبال
баскетбол
لامبو
плуване
хокей на лед
باکسينګ
бокс

فټبال

футбол

کسيزه

бадминтон

د ځغاستي لوبي

лека атлетика

د هندبال

хандбал

سکي

ски бягане

پولو

поло

خندل
смея се
ټوپ وهل
скачам
غاړه ورکول
прегръщам
вървя
سندري ويل
пея
خوب ليدل
сънувам
عبادت کول
моля се
مچو کول
целувам

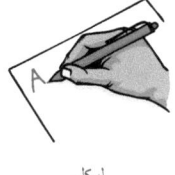

ليکل
пиша

کښل
рисувам

ښودل
показвам

ټېله کول
бутам

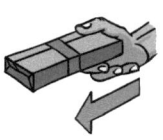

ورکول
давам

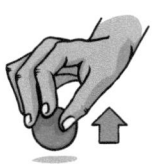

اخيستل
взимам

درلودل

....

имам

کول

....

правя

پاييدل

....

съм

ودريدل

....

стоя

منډې وهل

....

тичам

راکښل

....

дърпам

ګوزارل

....

хвърлям

لويدل

....

падам

څملاستل

....

лежа

انتظار کول

....

чакам

وړل

....

нося

کښيناستل

....

седя

پوښاک اغوستل

....

обличам

ويده کيدل

....

спя

پاڅيدل

....

събуждам се

کتل

разглеждам

ژړل

плача

برید کول

милвам

ګمنځ کول

реша се

خبرې کول

говоря

پوهیدل

разбирам

غوښتل

питам

اوریدل

слушам

څښل

пия

خوړل

ям

پاکول

разтребвам

مینه کول

обичам

پخلی کول

готвя

موټر چلول

карам автомобил

الوتل

летя

بیړۍ چلول

плавам (с платна)

حساب

смятане

لوستل

чета

زده کول

уча

کار کول

работя

واده کول

женя се

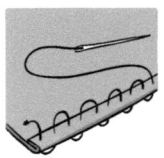

ګنډل

шия

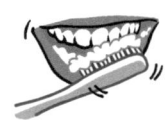

د غاښونو برس کول

измивам си зъбите

وژل

убивам

سګرټ څښل

пуша

لیږل

изпращам

کورنۍ

семейство

نیا
баба
نیکه
дядо
پلار
баща
مور
майка
ماشوم
бебе
لور
дъщеря
زوی
син

میلمه

посетител

ترور

леля

کاکا/ماما

чичо

ورور

брат

خور

сестра

بدن

тяло

تندی
око
пръст
مخ
زنه
брадичка
ръка
پښه
крак
سینه
гърди
ръка

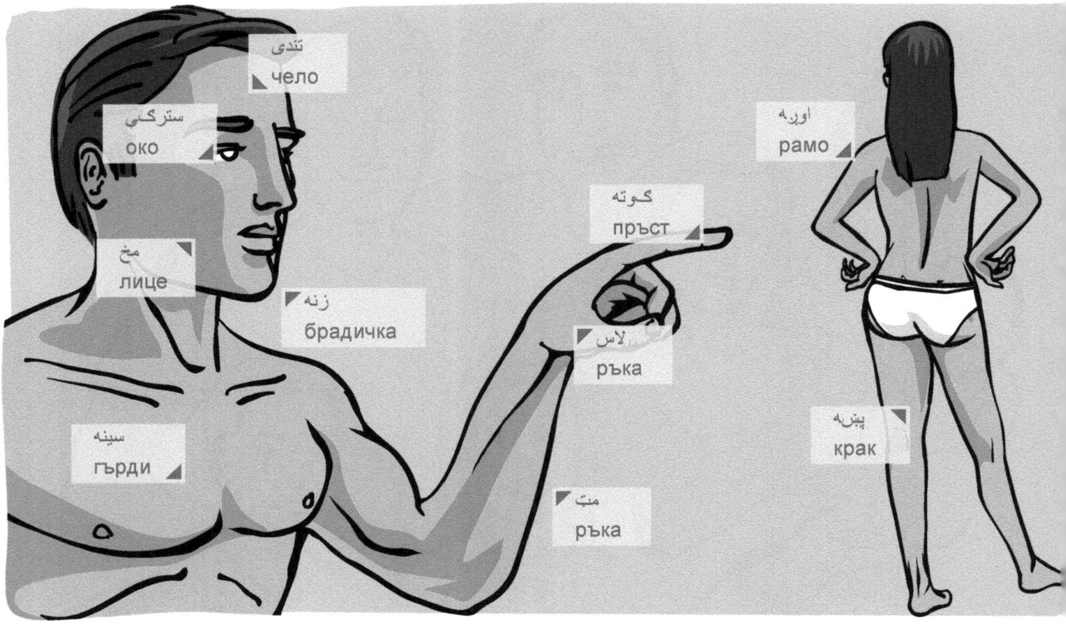

ماشوم
бебе

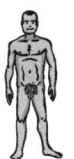

سړی
мъж

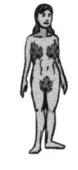

ښځه
жена

انجلۍ
момиче

هلک
момче

سر
глава

شا

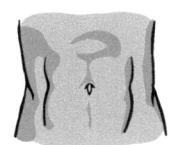

гръб

خېټه

корем

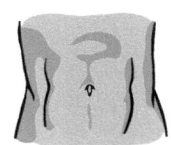

نوم

пъп

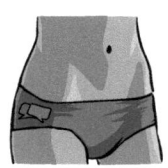

د پښې ګوته

пръст на крака

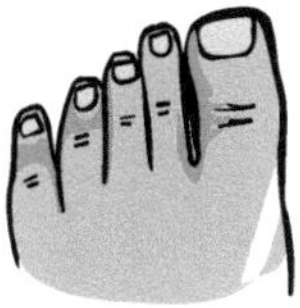

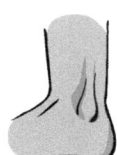

پونده

пета

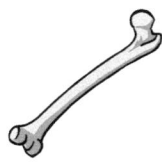

هډوکی

кост

کوناټی

хълбок

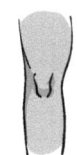

زنګون

коляно

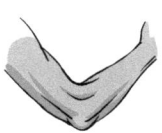

څنګل

лакът

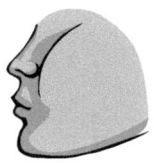

پوزه

нос

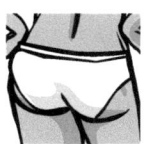

لاندې برخه

седалище

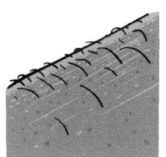

پوټکی

кожа

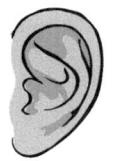

غومبوری

буза

غوږ

ухо

شونډه

устна

خوله

уста

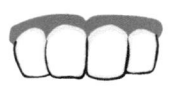

غاښ

зъб

ژبه

език

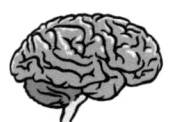

مغز

мозък

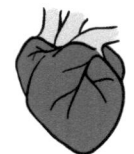

زړه

сърце

عضله

мускул

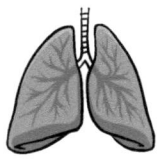

سږی

бял дроб

ځیګر

черен дроб

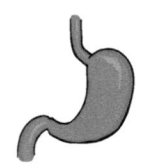

معده

стомах

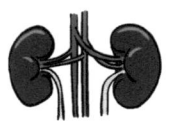

پښتورګي

бъбреци

جنسي نږدې والی

полово сношение

کانډوم

кондом

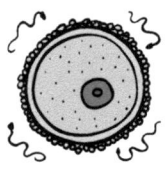

تخمه

яйцеклетка

مني

сперма

حمل

бременност

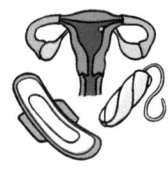

حيض

менструация

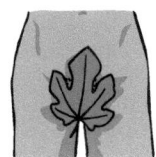

مهبل

вагина

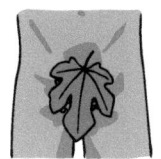

د نارينه تناسلي آله

пенис

وروځی

вежда

ويښته

коса

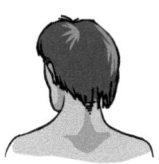

غاړه

шия

روغتون
болница

болница
امبولانس
линейка
ویل چیر
инвалидна количка
کسر
фрактура

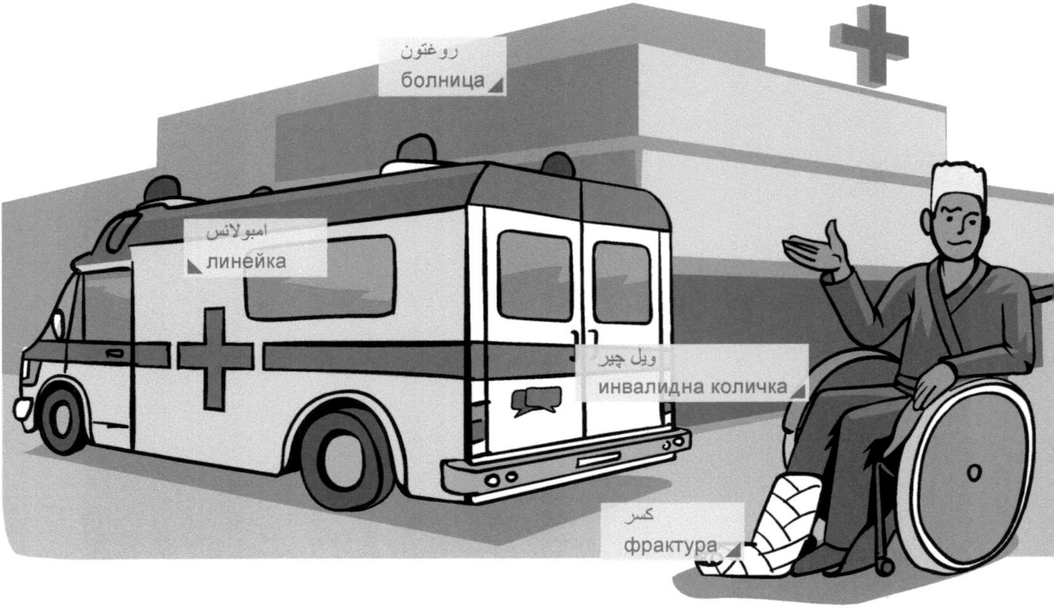

ډاکټر
....
лекар

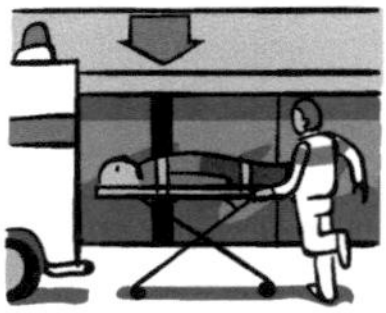

عاجل خونه
....
спешна хоспитализация

رنځورپال
....
медицинска сестра

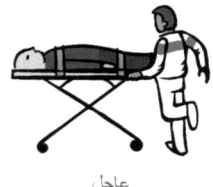

عاجل
....
спешен случай

بې هوش
....
в безсъзнание

درد
....
болка

ټپ

нараняване

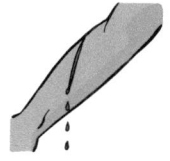

وینه تویدل

кървене

د زړه حمله

инфаркт

ضرب

инсулт

حساسیت

алергия

ټوخی

кашлица

تبه

температура

انفلوینزا

грип

نس ناستی

диария

سر درد

главоболие

سرطان

рак

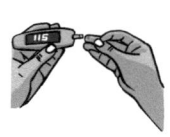

شکر

диабет

جراح

хирург

سکالپل

скалпел

عملیات

операция

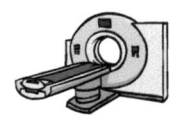

سي.ټي
....
компютърна томография

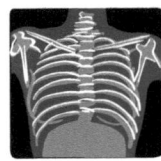

ایکس ری
....
рентген

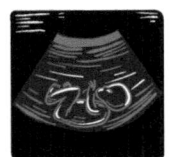

الټراساونډ
....
ултразвук

د مخ ماسک
....
маска

ناروغي
....
болест

انتظار خونه
....
чакалня

امسا
....
патерица

پلستر
....
пластир

بنداژ
....
превръзка

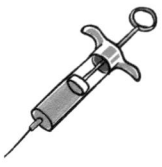

تزریق
....
инжекция

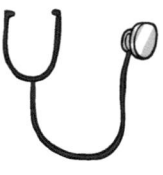

ستاتسکوپ
....
стетоскоп

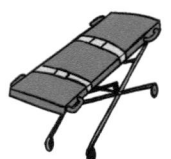

تسکیره
....
носилка

کلینکي ترماميټر
....
термометър

زیږون
....
раждане

زیات وزن
....
наднормено тегло

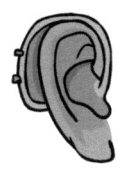

د اوريدو مرسته
....
слухов апарат

د عفونيت ضد پاکونکي مواد
....
дезинфекционно средство

عفونيت
....
инфекция

ويروس
....
вирус

ايچ.آی.وی/ايډز
....
HIV / AIDS

درمل
....
медицина

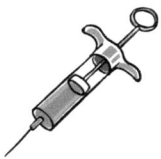

واکسين
....
ваксинация

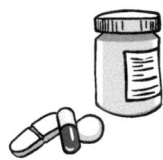

ټابليټس
....
таблети

ګولی
....
противозачатъчна таблетка

عاجل تليفون
....
спешно телефонно обаждане

د ويني د فشار څارونکی
....
апарат за измерване на кръвното налягане

ناروغ/روغ
....
болен / здрав

عاجل

спешен случай

مرسته!

Помощ!

الارم

сигнал за тревога

یرغل

нападение

برید

атака

خطر

опасност

عاجل لاره

авариен изход

اور!

Пожар!

د اور وژونکی

пожарогасител

پیښه

злополука

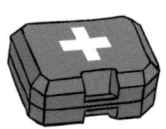

د لومړی مرستي لوازم

комплект за оказване на първа помощ

ایس.او.ایس

SOS

پولیس

полиция

ځمکه
Земя

اروپا

Европа

شمالي امريکا

Северна Америка

سهيلي امريکا

Южна Америка

افريقا

Африка

آسيا

Азия

آسټرېليا

Австралия

اتلانتيک

Атлантически океан

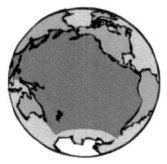

پاسيفيک

Тихи океан

د هند بحر

Индийски океан

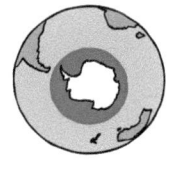

جنوبي منجمد بحر

Южен ледовит океан

د شمال قطب بحر

Северен ледовит океан

شمالي قطب

Северен полюс

سهیلي قطب

Южен полюс

انټارکټیکا

Антарктида

ځمکه

Земя

ځمکه

суша

بحر

море

ټاپو

остров

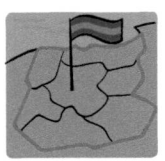

ملت

нация

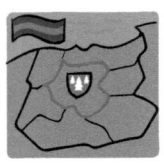

دولت

държава

ساعت

часовник

د مخي ساعت

циферблат

د ساعت ستنه

стрелка на часовете

د دقيقي ستنه

стрелка на минутите

د ثانيې ستنه

стрелка на секундите

څه وخت دی؟

Колко е часът?

ورځ

ден

وخت

време

اوس

сега

ډيجيټل ساعت

дигитален часовник

دقيقه

минута

ساعت

час

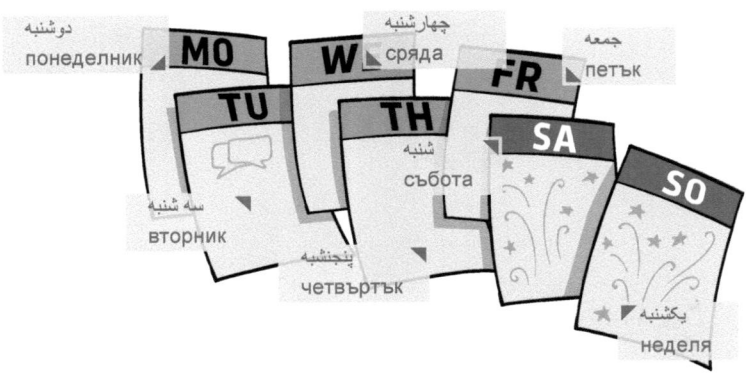

اونۍ

седмица

دوشنبه
понеделник
MO
TU
W
چهارشنبه
сряда
TH
FR
جمعه
петък
SA
سه شنبه
вторник
شنبه
събота
پنجشبه
четвъртък
یکشنبه
неделя

2
1

پرون

вчера

2

نن

днес

3

سبا

утре

سهار

сутрин

غرمه

обед

ماښام

вечер

MO TU WE TH FR SA SU
1 2 3 4 5 6 7
8 9 10 11 12 13 14
15 16 17 18 19 20 21
22 23 24 25 26 27 28
29 30 31 1 2 3 4

کاري ورځې

работни дни

MO TU WE TH FR SA SU
1 2 3 4 5 6 7
8 9 10 11 12 13 14
15 16 17 18 19 20 21
22 23 24 25 26 27 28
29 30 31 1 2 3 4

د اونۍ پای

уикенд

کال

година

باران
дъжд
رنګین کمان
дъга
باد
вятър
واوره
сняг
پسرلی
пролет
اوړی
лято
منی
есен
ژمی
зима

4.APRIL 11°
5.APRIL 4°
6.APRIL 13°
7.APRIL 8°
8.APRIL 10°

د موسم وړاندوینه

прогноза за времето

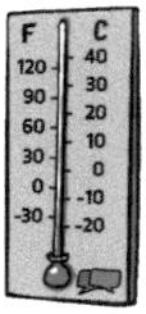

0
10
0
-10

ترموميټر

термометър

د لمر وړانګې

слънчева светлина

وريځ

облак

لړه

мъгла

رطوبت

влажност на въздуха

رڼا

светкавица

تندر

гръмотевица

توفان

буря

ږلۍ وريدل

градушка

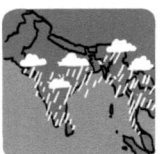

مون سون باران

мусон

سیلاب

наводнение

یخ

лед

جنوري

януари

فبروري

февруари

مارچ

март

اپریل

април

مى

май

جون

юни

جولای

юли

اګست

август

82 کال - година

سپتمبر

септември

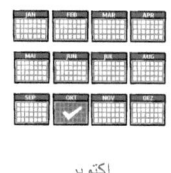

اکتوبر

октомври

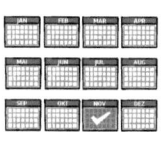

نومبر

ноември

دسمبر

декември

شکلونه

форми

دایره

кръг

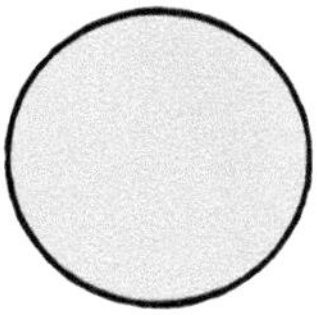

مربع

квадрат

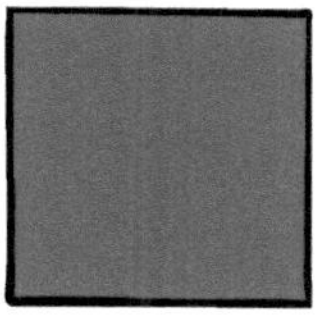

مستطیل

четириъгълник

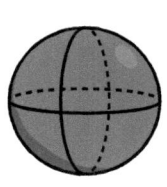

مثلث

триъгълник

توپ

сфера

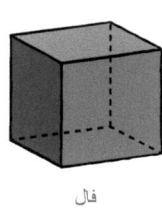

فال

куб

رنګونه

цветове

سپین

бял

ژیړ

жълт

نارنجي

оранжев

ګلابي

розов

سور

червен

ارغواني

лилав

نیلي

син

شین

зелен

نسواري

кафяв

خړ

сив

تور

черен

противоположности

خورا ډیر/خورا لږ
....
много / малко

قار/ارام
....
ядосан / спокоен

ښکلي/بدشکله
....
красив / грозен

پیل/پای
....
начало / край

لوی/کوچنی
....
голям / малък

روښانه/تیاره
....
светъл / тъмен

ورور/خور
....
брат / сестра

پاک/ککړ
....
чист / мръсен

مکمل/نامکمل
....
пълен / непълен

ورځ/شپه
....
ден / нощ

مړ/ژوندی
....
мъртъв / жив

پراخه/نری
....
широк / тесен

د خوراک وړ/نه خوړل کیدونکی
....
ядлив / неядлив

بد/مهربان
сърдит / любезен

پاریدلی/بی خونده
развълнуван / скучаещ

چاق/وچ
....
дебел / тънък

لومړی/وروستی
най-напред / най-накрая

ملګری/دښمن
приятел / враг

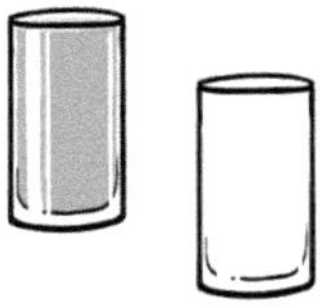

ډک/تش
....
пълен / празен

سخت/نرم
твърд / мек

دروند/سپک
тежък / лек

لوږه/تنده
....
глад / жажда

ناروغ/روغ
болен / здрав

غیرقانوني/قانوني
нелегален / легален

هوښیار/ساده
....
интелигентен / глупав

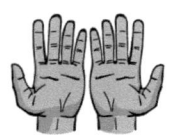

کین/ښي
ляво / дясно

نږدې/لري
близо / далече

نوی/زوړ

нов / употребяван

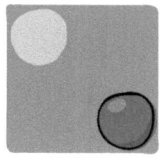

هیڅ/یو څه

нищо / нещо

بډا/ځوان

стар / млад

چالان/بند

вкл. / изкл.

خلاصه/تړلی

отворен / затворен

غلی/لوړ غږ

тих / силен (звук)

بډایه/غریب

богат / беден

صحیح/غلط

правилен / погрешен

زیږ/ملایم

грапав / гладък

خفه/خوش

тъжен / щастлив

لنډ/اوږد

дълъг / къс

سست/ګړندی

бавен / бърз

لوند/وچ

мокър / сух

ګرم/یخ

топъл / студен

جګړه/سوله

война / мир

0

صفر

нула

1

يو

едно

2

دوه

две

3

دري

три

4

څلور

четири

5

پنځه

пет

6

شپږ

шест

7

اوه

седем

8

اته

осем

9

نهه

девет

10

لس

десет

11

يولس

единадесет

12

دولس

дванадесет

13

دیارلس

тринадесет

14

څوارلس

четиринадесет

15

پنځلس

петнадесет

16

شپاړس

шестнадесет

17

وولس

седемнадесет

18

اتلس

осемнадесет

19

نولس

деветнадесет

20

شل

двадесет

100

سل

сто

1.000

زر

хиляда

1.000.000

میلیون

милион

ژبي

езици

انګلسي

английски

امریکایی انګلسي

американски английски

چینایی مندرین

китайски мандарин

هندي

хинди

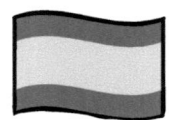

هسپانوي

испански

فرانسوي

френски

عربي

арабски

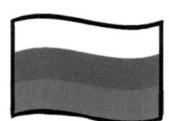

روسي

руски

پرتګالي

португалски

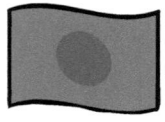

بنګالي

бенгалски

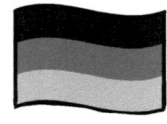

آلماني

немски

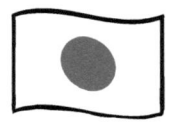

جاپاني

японски

څوک/څه/څنګه
кой / какво / как

زه

аз

ته

ти

هغه/دغه/دا

той / тя / то

موږ

ние

تاسي

вие

دوی/هغوی

те

څوک؟

кой?

څه؟

какво?

څنګه؟

как?

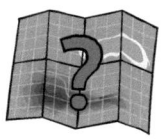

چیرې؟

къде?

کله؟

кога?

نوم

име

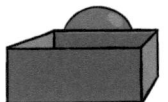

къде

شاته

зад

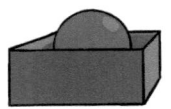

په

в

په مخه کې

пред

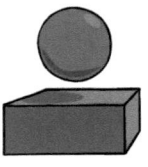

باندې

над

په

върху

لاندې

под

برسیره پر

до

ترمینځ

между

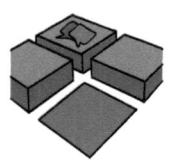

ځای

място